BEI GRIN MACHT SICH IHR WISSEN BEZAHLT

AF149760

- Wir veröffentlichen Ihre Hausarbeit,
  Bachelor- und Masterarbeit

- Ihr eigenes eBook und Buch -
  weltweit in allen wichtigen Shops

- Verdienen Sie an jedem Verkauf

Jetzt bei www.GRIN.com hochladen und kostenlos publizieren

Bibliografische Information der Deutschen Nationalbibliothek:

Die Deutsche Bibliothek verzeichnet diese Publikation in der Deutschen National-
bibliografie; detaillierte bibliografische Daten sind im Internet über http://dnb.d-
nb.de/ abrufbar.

Impressum:

Copyright © 2015 GRIN Verlag, Open Publishing GmbH
Druck und Bindung: Books on Demand GmbH, Norderstedt Germany
ISBN: 978-3-668-05589-6

Dieses Buch bei GRIN:

http://www.grin.com/de/e-book/307150/rechermedien-im-fach-geschichte-ein-
portfolio-zur-informationskompetenz

Marlene Weber

Rechermedien im Fach Geschichte. Ein Portfolio zur Informationskompetenz

GRIN Verlag

GRIN - Your knowledge has value

Der GRIN Verlag publiziert seit 1998 wissenschaftliche Arbeiten von Studenten, Hochschullehrern und anderen Akademikern als eBook und gedrucktes Buch. Die Verlagswebsite www.grin.com ist die ideale Plattform zur Veröffentlichung von Hausarbeiten, Abschlussarbeiten, wissenschaftlichen Aufsätzen, Dissertationen und Fachbüchern.

Besuchen Sie uns im Internet:

http://www.grin.com/

http://www.facebook.com/grincom

http://www.twitter.com/grin_com

Ludwig-Maximilians-Universität München
Referat Informationskompetenz
Seminar Informationskompetenz

Leistungsnachweis Informationskompetenz
Fachrecherchemedien im Fach Geschichte

Marlene Weber

2015

Inhaltsverzeichnis

1 Übersicht über die Fachrecherchemedien im Fach Geschichte

Tabellarische Übersicht über die einzelnen Medien:

Fachrecherchemedium/ Katalog	Informations-/ Medienart	Beschreibung
The official Yearbook of the United Kingdom of Great Britain and Northern Ireland	**Fachzeitschrift** > Suche nach Bevölkerungsdaten, Wanderungsbewegungen, etc.	http://data.gov.uk/dataset/the_official_yearbook_of_the_united_kingdom Wirtschafts- und Sozialstatistiken in Großbritannien Volltext kostenlos frei im Web zugänglich
American Nineteenth Century History	**Fachzeitschrift** > Landesgeschichte USA, 19. Jahrhundert	http://www-tandfonline-com.emedien.ub.uni-muenchen.de/action/showFeed?ui=0&mi=3fqos0&ai=z4&jc=fanc20&type=etoc&feed=rss News-Feed möglich, Ausgaben der letzten 18 Monate nicht kostenlos verfügbar. (via EBSCO Host)

Clio	**Fachportal** für Geschichtswissenschaften **Rezensionen** > für die Einschätzung und Einordnung eines Titels	http://www.clio-online.de/DesktopDefault.aspx?tabid=40208174 Bei "Historische Rezensionen online" handelt es sich nicht nur um ein Nachweissystem von Rezensionen, sondern es wird auch ein direkter Zugang zu den jeweiligen Rezensionen der Anbieter geboten. Mit Hilfe der verschiedenen Suchmöglichkeiten von "Historische Rezensionen online" können die Besprechungen einer Vielzahl von Anbietern im Volltext durchsucht werden. "Historische Rezensionen online" kooperiert mit namhaften internationalen Institutionen, Zeitschriften und Rezensionsanbietern, die über langjährige Erfahrung in der historischen Fachinformation und mit elektronischen Medien verfügen.
Nachrichtendienst für Historiker	**Zeitungsartikel** Presseschau > Informationen über das aktuelle Geschehen im historischen Kontext	http://www.clio-online.de/site/lang__de/ItemID__1417/mid__10300/77/default.aspx (http://www.nfhdata.de/) Der seit 1995 im Internet stehende Nachrichtendienst für Historiker (NFH) enthält neben allgemeinen Angeboten wie z.B. Linksammlungen und Diskussionsforen vor allem auch eine tägliche Presseschau. Presseschau: aus über 30 Tages- und Wochenzeitungen (inkl. Link zum Volltext)
Online Newspapers	Internationale **Presseschau** > Information über das aktuelle weltweite Zeitgeschehen (relevant auch für Zeitgeschichte)	http://www.onlinenewspapers.com/ Zeitungen und Zeitschriften nach Ländern und Regionen sowie Sprachen geordnet, inkl. Link zur jeweiligen Seite.

Historical Abstracts	**Datenbank** inkl. **Abstracts** aller Titel Zeitschriftenartikel Aufsätze aus Sammelbänden Monographien Dissertationen > Suche nach Themengebiet unabhängig von der Publikationsform > relevant für Globalgeschichte und um sich einen Überblick zu verschaffen	http://web.b.ebscohost.com.emedien.ub.uni- muenchen.de/ehost/search/advanced?sid=8c54082a-45e4-44ed-986b- a5949705f8d6%40sessionmgr115&vid=0&hid=116 Die Datenbank Historical Abstracts ist eine der wichtigsten Referenzwerke im Bereich der Geschichtswissenschaften. Sie verzeichnet Zeitschriftenartikel, Aufsätze aus Sammelwerken, Monographien und Dissertationen zur Geschichte aller Länder (außer USA und Kanada) ab 1450 bis zur Gegenwart. Alle Titel sind mit Abstracts versehen. Die Titelauswahl ist international, wobei der Schwerpunkt bei der Literatur in europäischen Sprachen liegt.
Encyclopaedia Britannica	**Onlinedatenbank** Wörterbuch Enzyklopädie Nachschlagewerk > Suche nach Definitionen, Begriffsklärung, Deutung	http://www.britannica.com Artikel der Encyclopaedia Britannica plus eine gute Auswahl zum Thema passender Webseiten und Bücher. Nur teilweise gratis: um den ganzen Britannica-Artikel zu bekommen, muß man sich registrieren (es gibt auch einen kostenlosen Testzugang).11. Auflage von 1911 frei im Web verfügbar. Fachgebiet Anglistik/Amerikanistik, jedoch auch für Historiker interessant.
Zeno	**Onlinedatenbank** > Suche nach Bildquellen (v.a. Zeitgeschichte, jedoch global und alle Jahrhunderte)	http://www.zeno.org/ Werke bedeutender Historiker des 19. Jahrhunderts (Burckhardt, Delbrück, Droysen, Graetz, Meyer, Mommsen, Pöhlmann); Der Nürnberger Prozeß, die Verhandlungsprotokolle und Materialien des Nürnberger Prozesses gegen die deutschen Hauptkriegsverbrecher.

| CLIO History reference online | Onlinedatenbank
Fachportal

> Suche nach Fachdatenbanken und Bibliographien | Frei im Web verfügbar, Zugang auch über DBIS.

http://www.clio-online.de

Clio-online ist ein zentrales Internet-Fachportal zur Geschichte. Das Portal wird von einem Netzwerk mehrerer Forschungseinrichtungen und Bibliotheken betrieben. Clio-online bietet u.a. folgende Funktionen:
Web-Verzeichnis: Verzeichnisdienst für fachwissenschaftlich relevante Internetangebote.
Institutions-Verzeichnis: Hier werden die für die Geschichtswissenschaften wichtigsten Archive, Bibliotheken, Museen, Institute, Lehrstühle, Vereine, Verlage und weitere Einrichtungen nachgewiesen.
Metasuche: Mit Hilfe der Metasuchmaschine können Sie in einer repräsentativen Auswahl von Fachdatenbanken recherchieren; Bibliothekskataloge, Quellendatenbanken, Bibliographien und viele andere netzbasierte Fachdatenbanken werden parallel durchsucht.
Frei im Web und über DBIS zugänglich. |

| Paulys Realencyclopädie der classischen Altertumswissenschaft (RE Pauly-Wissowa) | **Nachschlagewerk**

> Standard-Nachschlagewerk für alle Bereiche des Altertums | http://rzblx10.uni-regensburg.de.emedien.ub.uni-muenchen.de/dbinfo/warpto.php?bib_id=ub_m&color=1&titel_id=1091 9&url=http%3A%2F%2Fde.wikisource.org%2Fwiki%2FPaulys_Realen cyclop%25C3%25A4die_der_classischen_Altertumswissenschaft

(online fortgeführt über Wikisource)

Paulys Realencyclopädie der classischen Altertumswissenschaft (RE) ist die umfangreichste Enzyklopädie zum Altertum. Sie wurde ab 1890 von Georg Wissowa (1859–1931) herausgegeben und 1980 abgeschlossen. Sie führte die von August Friedrich Pauly (1796–1845) begründete *Real-Encyclopädie der classischen Alterthumswissenschaft in alphabetischer Ordnung* (1837–1864) fort und war als komplette Neubearbeitung konzipiert. Bis heute gilt die *RE* als Standardwerk der Altertumswissenschaft. Viele Artikel aus den ersten Bänden dieser Enzyklopädie sind mittlerweile gemeinfrei. Möglichst viele Artikel sollen hier sukzessive mit Hilfe von Scans digitalisiert werden. |
| *International Encyclopedia for the Middle Ages* | **Onlinedatenbank**
Wörterbuch
Enzyklopädie
Nachschlagewerk

> Standard-Nachschlagewerk für alle Bereiche des Mittelalters | http://www.brepolis.net.emedien.ub.uni-muenchen.de

Die *International Encyclopaedia for the Middle Ages* (IEMA) wird als Supplement und Ergänzung zum *Lexikon des Mittelalters(LexMA)* vom UCLA Center for Medieval and Renaissance Studies und Brepols Publishers herausgegeben. IEMA umfasst den Zeitraum 300-1500 und deckt regional Europa, Nordafrika und den Mittleren Osten ab. |

DissOnline	**Bibliographische Datenbank** für Hochschulschriften, fächerübergreifend (Deutsche Nationalbibliothek) > Suche nach (aktuellen) Hochschulschriften	http://www.dnb.de/DE/Wir/Kooperation/dissonline/dissonline_node.html Die Deutsche Nationalbibliothek beherbergt die größte nationale Sammlung an Online-Dissertationen in Europa. Seit 1998 sammelt die Deutsche Nationalbibliothek Online-Dissertationen und –Habilitationen, der Bestand ist seitdem auf über 120.000 Dokumente angewachsen.
Jahrbuch der Historischen Forschung	Deutsche (außer-)universitäre noch nicht publizierte **Fachliteratur wird hier** dokumentiert. > Titel unabhängig von der Publikationsform	http://194.97.159.218/verlag/ahf/ Die Datenbank Historische Bibliographie Online umfasst derzeit 358.870 bibliographische Einträge von publizierten Titeln historischer Fachliteratur seit 1990: Monographien, Beiträge aus Zeitschriften und Sammelwerken. Sie wird ergänzt durch das Jahrbuch der historischen Forschung mit 8.758 Einträgen entstehender, noch nicht veröffentlichter Forschungsarbeiten.

Die einzelnen Fachrecherchemedien wurden entweder durch die Suche via Onlinemedienzugang der LMU-Bibliothek bzw. DBIS gefunden (Suche über das Fach Geschichte oder Schlagwörter) oder einem Übersichtswerk für Historiker entnommen.[1]

[1] Estella Kühmstedt: *Klug recherchiert: für Historiker.* Göttingen 2013.

2 Beispielrecherche: Die Neugestaltung der britischen Monarchie im 19. Jahrhundert

In der vorliegenden Beispielrecherche möchte ich den Prozess der Themenfindung, das Thema und die Literatursuche darstellen. Es handelt sich um eine Hausarbeit, die im Rahmen des Basiskurses *Im Laboratorium der Moderne. Einführung in die britische Geschichte des 19. Jahrhunderts* im Modul *Neuere und Neueste Geschichte* im Jahr 2013 entstanden ist.

Zunächst musste das Thema eingegrenzt werden; letztendlich galt es den Prozess des Wandels in der Funktion der Monarchie darzustellen. Vom obersten Herrscher und unumstößlicher Autorität vollzog sich dieser hin zu einer eher repräsentativen Rolle, die schicht- und länderübergreifend eine Intergrationsinstitution darstellte. Dazu wurde als Rahmen festgelegt, dass sich die Arbeit um zentrale Situationen während der Regentschaft Queen Victorias drehte, also sich in dem Zeitraum von 1837 bis 1901 bewegt. Dazu ist kein minutiöser biographischer Abriss von Nöten, sondern lediglich die Analyse der Ausgangsituation von 1837 und der damals aktuellen Problemstellungen, um anhand dieser den weiteren Verlauf aufzuzeigen. Des Weiteren steht die Medienlandschaft im Fokus, die den Wandel dieser Rolle transportiert und in Volksnähe gebracht hat. Ebenfalls genauer untersucht werden einige herausragende Zeremonien während ihrer Regentschaft, sowie Reisen im eigenen Land und nach Frankreich und das neue, sich ergebende Aufgabenfeld: Wohltätigkeit und Integrationssymbol für die Nation. Anhand dieser Punkte soll klar werden, was sich im Vergleich zur Situation bei Thronbesteigung im Jahr 1837 im Jahr 1901 grundlegend verändert hat.

Dazu war eine Übersicht der politischen Situation von 1837 nötig, sowie ein Überblick über die Medienlandschaft in Großbritannien im 19. Jahrhundert. Hier war es vor allem wichtig, nicht jede einzelne Zeitschrift/Zeitung vorzustellen, sondern eine Tendenz aufzuzeigen. Im Basiskurs wurde bereits ausführlich über die politische Situation und das Parteisystem sowie Ober- und Unterhaus und *Privy Council* gesprochen, sodass es hier nicht so detailliert beschrieben werden musste, sondern lediglich noch einmal auf die Kernprobleme für die Monarchie eingegangen werden musste, um eine Basis zu schaffen. Was die Sekundärliteratur betrifft, so wurde bereits zu *Queen Victoria* sehr viel geforscht, sodass eine Aktualität hier nicht unbedingt von oberster Priorität war, sondern eher wichtig war, dass es Anknüpfungspunkte zum Thema gab. Dies wurde teilweise mit einer Monographie aus gesammelten Briefen der Königin abgedeckt und weniger auf eine Entwicklungsgeschichtliche Tendenz geachtet. Konkrete Schlag- oder Stichwörter mussten in diesem Kontext nicht geklärt werden, da viele Hauptbegriffe dieses Zeitabschnittes bereits im Kurs geklärt wurden, bis auf eine genauere Analyse der Medienlandschaft war hier kein Klärungsbedarf mehr vorhanden.

Der Literaturbedarf begrenzte sich also auf Quellen (die Briefe von Königin Victoria), und Überblickswerke zur medialen Landschaft im 19. Jahrhundert, zur Kultur und Wohltätigkeit sowie Biographien zu Viktoria und Albert, ihrem Mann. Um die zeitgeschichtliche Situation zu unterfüttern, waren zwei Sammelbände mit mehreren relevanten Themen im Mittelpunkt gestanden (s. Kapitel 3, Literaturübersicht). Durch die Literaturrecherche im OPAC traten die erwähnten Werke entweder über Bibliothek der LMU oder der Bayerischen Staatsbibliothek in Erscheinung. Die Suche verlief im Wesentlichen über Schlagworte wie „Großbritannien", „Monarchie", „Queen Victoria", „Medien". „Briefe(sammlung)", „Tagebuch", „Öffentlichkeit" und „Herrschaft". Im Nachhinein ergänzend wäre eine Recherche in einer Onlinedatenbank noch sinnvoll gewesen, um beispielsweise Zeitungsartikel aus der Zeit als weitere Quelle zu erhalten oder weitere diverse Cartoons, wie sie oft in der Zeitschrift *Punch* oder dem *Figaro* abgedruckt wurden und die die Monarchie bzw. die Politik aufs Korn nahmen.

Die aus dieser Recherche entstandene Arbeit finden Sie hier:

http://www.grin.com/de/e-book/266073/

3 Bibliographie

Titel	Fundort
Kurt Tetzeli, Arndt Mersmann (Hg.): Queen Victoria. Ein biografisches Lesebuch aus ihren Briefen und Tagebüchern. München 2000.	https://opacplus.ub.uni-muenchen.de/search?bvnr=BV0 13468207
David Cannadine: The Context, Performance and Meaning of Ritual. The British Monarchy and the "Invention of Tradition", c. 1820-1977. In: Eric J. Hobsbawm (Hg.): The Invention of Tradition. Cambridge u.a 1994, S.101-164.	https://opacplus.ub.uni-muenchen.de/search?bvnr=BV0 09914729
Jonathan Parry: Whig monarchy, Whig nation, Crown, politics and representativeness 1800-2000. In: Andrzej Olechnowicz (Hg.): The Monarchy and the British Nation, 1780 to the present. Cambridge, 2007, S. 47-75. Review in: Jeremy Rowan: "The Monarchy and the British Nation, 1780 to the Present" (Book review). History: Review of New Books, July, 2010, Vol.38(3), p.97-98.	- Standortsignatur OPACplus Hbzs 300-955=Neueste Hefte - Google-Books: https://books.google.de/books?id=WN I_cx0J5qIC&dq=jonathan+parry.+Whig +monarchy,+whig+nation&hl=de&sour ce=gbs_navlinks_s http://www.tandfonline.com.ta ndfonline.emedia1.bsb-muenchen.de/doi/abs/10.1080/ 03612751003771518#.Vdn425e XA5s (via OPACplus, Bayerische Staatsbibliothek)
Mark Hampton: Visions of the press in Britain. 1850-1950. Chicago u.a. 2004.	https://opacplus.bsb-muenchen.de/metaopac/single Hit.do?methodToCall=showHit& curPos=1&identifier=100_SOLR _SERVER_1453383752
John Plunkett: Queen Victoria. First Media Monarch. Oxford 2003.	https://opacplus.bsb-muenchen.de/metaopac/single Hit.do?methodToCall=showHit& curPos=1&identifier=100_SOLR _SERVER_746690243
Frank Prochaska: Royal Bounty. The Making of a Welfare Monarchy. London u.a. 1995.	https://opacplus.bsb-muenchen.de/metaopac/single Hit.do?methodToCall=showHit& curPos=1&identifier=100_SOLR _SERVER_564451759
Helen Rappaport: Magnificent Obsession. Victoria, Albert and the Death that changed the Monarchy. London 2011.	https://opacplus.bsb-muenchen.de/metaopac/single Hit.do?methodToCall=showHit& curPos=1&identifier=100_SOLR _SERVER_1241384118

Jules Stewart: Albert. A Life. London, New York 2012.	https://opacplus.bsb-muenchen.de/metaopac/single Hit.do?methodToCall=showHit& curPos=1&identifier=100_SOLR _SERVER_1786357999
Dorothy Thompson: Queen Victoria. Gender and Power. London 1990.	https://opacplus.bsb-muenchen.de/metaopac/single Hit.do?methodToCall=showHit& curPos=2&identifier=100_SOLR _SERVER_14871066
Chris Williams (Hg.): A Companion to Nineteenth-Century Britain. Malden Mass. u.a. 2004.	https://opacplus.bsb-muenchen.de/metaopac/single Hit.do?methodToCall=showHit& curPos=5&identifier=100_SOLR _SERVER_696308521
Susie L. Steinbach: Understanding the Victorians. Politics, Culture and Society in Nineteenth-Century Britain. Oxon, New York 2012.	https://opacplus.bsb-muenchen.de/metaopac/single Hit.do?methodToCall=showHit& curPos=1&identifier=100_SOLR _SERVER_505203224

BEI GRIN MACHT SICH IHR WISSEN BEZAHLT

- Wir veröffentlichen Ihre Hausarbeit,
  Bachelor- und Masterarbeit

- Ihr eigenes eBook und Buch -
  weltweit in allen wichtigen Shops

- Verdienen Sie an jedem Verkauf

Jetzt bei www.GRIN.com hochladen
und kostenlos publizieren